por:

Fecha:

Rebeca Knowles

Un MINUTO CON Dios

EDITORIAL UNILIT

Sepa

Publicado por
Editorial Unilit
Miami, FL 33172, USA
Derechos reservados.

Primera edición 2009

© 2009 por *Rebeca Knowles*
Todos los derechos reservados.

Edición: *Nancy Pineda*
Diseño de la portada: Ximena Urra
Fotografía de la portada: Image Copyright: Linda Webb/Aleksej
Starostin/iofoto/pjmorley/
Dmitriy Shironosov/mtr/Carlos Caetano/Romanova Ekaterina, 2009. Used under
license from Shutterstock.com. © TriggerPhoto, 2009, istockphoto.com

Las citas bíblicas señaladas con NVI se tomaron de la Santa Biblia,
Nueva Versión Internacional. © 1999 por la Sociedad Bíblica Internacional.
Las citas bíblicas señaladas con TLA se tomaron de la *Biblia para todos,* © 2003.
Traducción en lenguaje actual, © 2002 por las Sociedades Bíblicas Unidas.
El texto bíblico ha sido tomado de la versión Reina Valera © 1960 Sociedades Bíblicas
en América Latina; © renovado 1988 Sociedades Bíblicas Unidas.
Las citas bíblicas señaladas con LBLA se tomaron de la Santa Biblia,
La Biblia de Las Américas. © 1986 por The Lockman Foundation.
Las citas bíblicas señaladas con RV-95 se tomaron de la Santa Biblia, *Reina-Valera 1995.*
© 1998 por las Sociedades Bíblicas Unidas. Las citas bíblicas señaladas con RVA-89
se tomaron de la Santa Biblia, *Versión Reina-Valera Actualizada,* © copyright 1982,
1986, 1987, 1989, por la Editorial Mundo Hispano.
Usadas con permiso.

Los temas de este libro y algunos de sus consejos fueron tomados con permiso del
National Healthy Marriage Institute, www.healthymarriage.org. Los ejemplos, las
historias y las meditaciones bíblicas son parte de nuestra experiencia como pareja
en el caminar juntos con el Señor Jesucristo.

Producto 495723
ISBN 0-7899-1764-5
ISBN 978-07899-1764-5

Impreso en Colombia
Printed in Colombia

Categoría: Vida cristiana /Relaciones/Amor y matrimonio
Category: Christian Living/Relationships/Love & Marriage

Dedicatoria

A mis padres, Carmen y Najib Segebre, mi hermano Moshe
Segebre, mis hermanas Raquel Segebre Aguirre, Soraya
Segebre y Débora Segebre Tannen, mis hijos David y Julia,
y a mi fiel y amado esposo, Brian.

Contenido

Invitación a reflexionar en parejas

La mayoría de nosotros llega a un punto en el matrimonio que parece que la felicidad no es constante. El estrés de la vida diaria nos agobia y afecta nuestras relaciones más íntimas.

Escribí este libro de reflexiones que te ayudarán a aprender a amar a tu cónyuge, sin importar las circunstancias, y descubrir cómo vivir juntos con pasión. Toma cada día *Un minuto con Dios* y verás el resultado en todas tus relaciones.

Por eso te invito a que utilices estos minutos para reflexionar al lado de tu cónyuge y, de esa manera, fortalecer y nutrir tu relación cada día. Si leen juntos el libro, sería provechoso que cada uno exprese sus ideas y su plan de acción.

Muchas parejas no se comunican porque no tienen un mecanismo con el cual comenzar conversaciones diarias, son entonces los asuntos de emergencia los que dictan las interacciones mutuas. *Un minuto con Dios* te llevará a reflexionar en diez asuntos clave para la salud de un matrimonio y, por lo tanto, te ayudará a entablar conversaciones más profundas y trascendentales con tu cónyuge.

Después de cada reflexión, hay un espacio para que escribas tu compromiso y tus pensamientos de cómo los cambios que deseas hacer van a contribuir al fortalecimiento de tu relación.

Mándanos tus comentarios a esta dirección: info@rebecaknowles.com o por correo:

> RONI Miami
> 2132 SW 118th Ave.
> Miramar, FL 33025

Te animo a que comiences a usar los principios de este libro hoy mismo.

¡Tu relación matrimonial se fortalecerá como nunca antes!
Rebeca Knowles

EL
Perdón

· · · · · · · · · · · · ·

«El perdón tiene la capacidad de liberarte de las heridas de tu pasado para que puedas buscar tu futuro con energía. El perdón hace que sea posible empezar de nuevo [...] Justo con el perdón se construye un optimismo que te impulsa hacia el futuro»[1].

Dick Tibbits

Reflexión 1

Sean tolerantes los unos con los otros, y si alguien tiene alguna queja contra otro, perdónense, así como el Señor los ha perdonado a ustedes.

Colosenses 3:13, TLA

¿Alguna vez te has preguntado por qué las personas más cercanas a nosotros tienen el poder de las mayores ofensas? Parte de la respuesta reside en nuestra habilidad de sentir la emoción del amor.

A fin de experimentar por completo el amor en cualquier relación, debemos ante todo bajar nuestras paredes emocionales, lo cual nos hace vulnerables a que nos hieran.

Puesto que nadie es perfecto, todos hacemos y decimos cosas que ofenden a los que más amamos. La manera en que decidamos reaccionar cuando nos ofende nuestro cónyuge, determinará si somos capaces o no de formar y sostener un matrimonio sano.

Perdonar y ofrecer una disculpa sincera son dos de las medicinas más eficaces para sanar un matrimonio. La Palabra de Dios nos recomienda: «Sean bondadosos y compasivos unos con otros, y perdónense mutuamente, así como Dios los perdonó a ustedes en Cristo» (Efesios 4:32, NVI).

Tu reflexión

_____

_____

_____

_____

_____

_____

_____

_____

_____

_____

_____

_____

_____

_____

_____

_____

_____

Fecha: _____

Reflexión 2

No digas:

Yo me

vengaré;

espera a

Jehová,

y él te

salvará.

Proverbios 20:22,
RV-60

En la ceremonia de nuestra boda, el ministro que nos casaba dijo: «Un buen matrimonio está hecho de dos buenos perdonadores». Sus palabras nos impactaron, pero en ese momento no entendimos en realidad la magnitud y la importancia de su consejo.

Cuando estemos disgustados con nuestro cónyuge, la pregunta que nos debemos hacer es: «¿Quiero sentir enojo, resentimiento, amargura, dolor y desdicha o, por el contrario, quiero estar libre para sentir amor, paz y felicidad?».

Para sentir estas emociones necesitamos perdonar a nuestro cónyuge cuando nos ofende y, por supuesto, ofrecer una disculpa sincera cuando le ofendemos.

Nuestro modelo es el Señor, el cual es «bueno y perdonador, y grande en misericordia» para con nosotros (Salmo 86:5, RV-60).

Tu reflexión

_____

_____

_____

_____

_____

_____

_____

_____

_____

_____

_____

_____

_____

Fecha: _____

Reflexión 3

Hoy es día de confesión. Así que confieso que muchas veces es difícil perdonar a mi esposo. No tanto por el tamaño de la ofensa, sino porque a menudo utilizo la ofensa de mi esposo como un arma en su contra cada vez que discutimos. Entonces, si le perdono, si en verdad le perdono, no tengo con qué defenderme, o al menos me siento de esa manera. Cuando adopto esta actitud, actúo en contra de lo que la Palabra de Dios nos enseña: «Háganlo todo sin quejas ni contiendas».

A veces es necesaria una ofensa grande, una que traiga en realidad mucho dolor, amargura y enojo para entender el valor sanador del perdón.

En esencia, el perdón es amor en acción. El perdón nos llevará por un camino y un proceso en el que es posible reemplazar los sentimientos de amargura, enojo y dolor con amor. Con todo, hay que ser paciente y no rendirse. Vale la pena perdonar y ofrecer disculpas.

Háganlo todo sin quejas ni contiendas.

Filipenses 2:14, NVI

Tu reflexión

_____

_____

_____

_____

_____

_____

_____

_____

_____

_____

_____

_____

_____

_____

_____

Fecha: _____

Reflexión 4

Deje el impío su

camino, y el

hombre inicuo sus

pensamientos, y

vuélvase a Jehová,

el cual tendrá de

él misericordia, y

al Dios nuestro, el

cual será amplio

en perdonar.

Isaías 55:7, RV-60

Hoy es día de acción. Esta semana hemos aprendido acerca de las dos medicinas más eficaces para sanar un matrimonio: Perdonar y ofrecer una disculpa sincera.

A fin de lograrlo, debemos tener en cuenta tres pasos cruciales para ofrecer una disculpa sincera a nuestro cónyuge:

- Primero, reconocer con exactitud qué hicimos que ofendió a nuestro cónyuge.
- Segundo, desarrollar un plan para no repetir el mismo error otra vez.
- Tercero, decirle que lo sientes.

Algunas veces omitimos los dos primeros pasos y vamos derecho al tercero. Al hacer esto, la fuerza sanadora de las palabras «Lo siento» perderá su eficacia.

De cualquier manera, la clave es calmarse antes de hablar. Recuerda que «la respuesta suave aplaca la ira» (Proverbios 15:1, RV-95) y reconoce que tú tampoco eres perfecto y que Aquel que sí es perfecto nos perdona.

Tu reflexión

_____

_____

_____

_____

_____

_____

_____

_____

_____

_____

_____

_____

_____

_____

_____

_____

_____

Fecha: _____

Reflexión 5

Por eso,

confiésense unos a

otros sus pecados,

y oren unos por

otros, para que

sean sanados.

La oración del

justo es poderosa

y eficaz.

Santiago 5:16, NVI

La manera en que decidamos reaccionar cuando nos ofende nuestro cónyuge, determinará si somos capaces de formar y sostener un matrimonio sano.

Es interesante notar que la confesión, la sanidad y la oración se colocan juntas en este versículo.

La oración por nuestro cónyuge debe reemplazar la queja de nuestro cónyuge, pues a diferencia de la queja, la oración es poderosa y eficaz.

¡Qué privilegio tan grande tenemos! Tú y yo podemos acercarnos al Dios del universo con toda confianza porque Cristo nos abrió el camino.

Si hemos ofendido, vamos a confesarlo. Si nos han ofendido, perdonemos. Por lo tanto, dediquemos tiempo cada día para orar el uno por el otro.

Vale la pena repetir esto: «Perdonar y ofrecer una disculpa sincera son dos de las medicinas más eficaces para sanar un matrimonio».

Tu reflexión

_____

_____

_____

_____

_____

_____

_____

_____

_____

_____

_____

_____

_____

_____

_____

_____

_____

Fecha: _____

Principios
EN EL
cuidado
DE LOS
· · · · · hijos · · ·

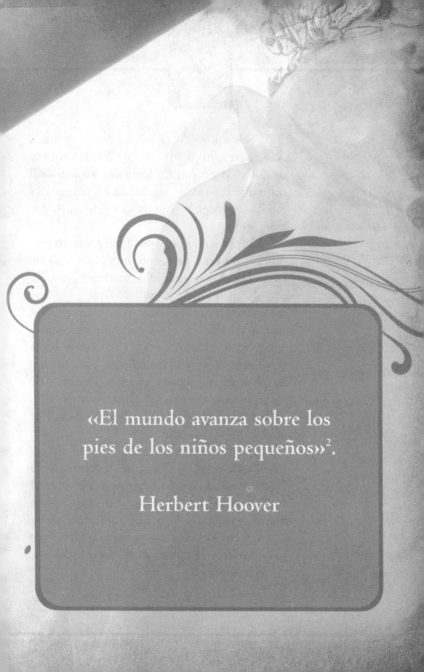

«El mundo avanza sobre los pies de los niños pequeños»[2].

Herbert Hoover

Reflexión 6

Los hijos, deben

obedecer a sus

padres en todo,

pues eso agrada al

Señor [...] los

padres, no deben

hacer enojar a sus

hijos, para que no

se desanimen.

Colosenses 3:20-21, TLA

El Señor nos dio el privilegio de adoptar a nuestros hijos en junio de 2006. Un niño de dos años y una niña de un año adoptados al mismo tiempo en la ciudad de Moscú, de dos familias biológicas con etnias diferentes por completo.

Llegar a ser la madre de David y Julia ha proporcionado parte de las mayores alegrías de mi vida, al igual que los desafíos más intensos.

Sin duda, todo padre lucha por encontrar maneras eficaces para educar y enseñar a sus hijos. Como madre, busco sin cesar principios para aplicar en el cuidado de mis niños. Cuando hablo de principios, no solo me refiero a ideas basadas en la experiencia particulares o colectivas de varios individuos, sino a declaraciones apoyadas en la Biblia y confirmadas en el laboratorio de la vida, no lo contrario.

¿Dónde encuentro estos principios? En mi vida de devoción a Dios y en la lectura de la Palabra. Cuando tengo dudas, los encuentro en el consejo sabio de mi madre y de otras sabias mujeres de Dios. Algo que me ayuda como madre y esposa es leer un capítulo de Proverbios todos los días. Te animo a que hagas lo mismo. ¡Tu vida cambiará!

Tu reflexión

Fecha: _____

Reflexión 7

Amarás a tu

prójimo como

a ti mismo.

Marcos 12:31, RV-60

Ahora quiero hablarte de algunos principios que utilizo en el cuidado de mis hijos:

El primero es el más importante: «¡Tengo que cuidarme a mí misma!».

Si descuidamos nuestro propio ser, quedará limitada nuestra habilidad de aplicar cualquier otro principio. A decir verdad, no podemos llenar la vida de nuestros niños si nuestro vaso está vacío. La práctica de este principio es obedecer el mandato de Cristo que nos enseña a amar a nuestro prójimo como a nosotros mismos. La aplicación del principio de cuidarnos para poder cuidar a nuestros hijos implica usar nuestros dones fuera de la familia y dentro de ella, así como rodearnos de familia y amigos que nos den apoyo emocional y útil.

Algo muy importante es que nos esforcemos en modelar esos atributos y virtudes que queremos que nuestros niños emulen ahora y luego cuando lleguen a ser adultos. La oración y la vida devocional se modelan en el hogar.

Te animo a que tu altar familiar sea tan emocionante como tu vida devocional.

Tu reflexión

_____

_____

_____

_____

_____

_____

_____

_____

_____

_____

_____

_____

_____

_____

_____

_____

Fecha: _____

Reflexión 8

Mejor es la comida de legumbres donde hay amor, que de buey engordado donde hay odio.

Proverbios 15:17, RV-60

El segundo principio en el cuidado de nuestros hijos es: «Nutrición».

En términos científicos, a la nutrición se le llama un «súper factor». Esto quiere decir que los investigadores lo consideran el principio más importante en el cuidado de los niños. Si los niños no se sienten amados y queridos por sus padres, estos no tendrán mucha influencia sobre ellos aunque hagan muchas cosas maravillosas a su favor.

Como madre adoptiva puedo dar testimonio del poder de la nutrición, no solo física, sino también emocional y espiritual. Mi hijo David ganó cincuenta por ciento de su peso en solo un mes de estar con nosotros. Sin embargo, lo que es más importante, aprendió a correr a mis brazos en las cuatro primeras horas que estuvo a mi lado como mi hijo.

Dicen que los niños que crecen en orfanatos tienen por lo menos tres meses de atraso por cada año de vida, y la razón es la falta de afecto y cariño. Si Dios te bendijo con un hijo, bendícelo nutriéndolo cada día con amor y afecto.

Tu reflexión

_____

_____

_____

_____

_____

_____

_____

_____

_____

_____

_____

_____

_____

_____

Fecha: _____

Reflexión 9

Instruye al niño

en su camino,

y aun cuando

fuere viejo no se

apartará de él.

Proverbios 22:6, RV-60

El tercer principio en el cuidado de nuestros hijos es: «¡Guía a tus niños!».

Los niños necesitan que los instruyamos en los valores, las pautas y los estándares que usarán en sus propias vidas. La dirección es mejor que el castigo. Un padre que instruye enseña que las consecuencias positivas o negativas son el resultado de ciertas actitudes y conductas. Los padres que guían y enseñan a través del ejemplo, colocan límites y desarrollan las cualidades que definen el carácter cristiano.

Muchas veces pensamos que las tensiones con nuestros hijos son las que causan disputas entre esposos. Sin embargo, se ha descubierto que tener un matrimonio fuerte y saludable ayuda a la pareja cuando le toca tratar con un hijo difícil o un bebé temperamental. Las parejas que no tienen una relación fuerte el uno con el otro son más susceptibles a entrar en conflictos cuando tienen que tratar con un bebé o hijo desafiante. Si estamos teniendo problemas instruyendo y guiando a nuestros hijos, puede ser que necesitemos un curso matrimonial y no un curso de educación infantil que nos muestre el camino hacia una familia feliz.

Tu reflexión

_____

_____

_____

_____

_____

_____

_____

_____

_____

_____

_____

_____

_____

_____

_____

_____

_____

_____

_____

_____

Fecha: _____

Reflexión 10

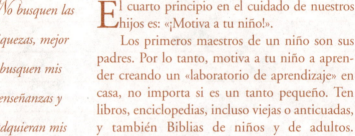

No busquen las riquezas, mejor busquen mis enseñanzas y adquieran mis conocimientos, pues son más valiosos que el oro y la plata. ¡Los más ricos tesoros no se comparan conmigo!

Proverbios 8:10-11, TLA

El cuarto principio en el cuidado de nuestros hijos es: «¡Motiva a tu niño!».

Los primeros maestros de un niño son sus padres. Por lo tanto, motiva a tu niño a aprender creando un «laboratorio de aprendizaje» en casa, no importa si es un tanto pequeño. Ten libros, enciclopedias, incluso viejas o anticuadas, y también Biblias de niños y de adultos. Aliéntalos a aprender con tus actos: Leyendo y aprendiendo sobre todo la Palabra de Dios. Aun así, este laboratorio de aprendizaje debe también ser interactivo y flexible. Por ejemplo, no desperdicies momentos en los que tu niño te haga una pregunta, estos son «momentos de enseñanza» invaluables.

La Palabra de Dios nos dice en Hebreos 10:24: «Preocupémonos los unos por los otros, a fin de estimularnos al amor y a las buenas obras» (NVI).

Así que mantengamos estos cuatro principios anunciados en el cartel de nuestra mente: «El cuidado de uno mismo, la nutrición, la guía y la motivación».

Tu reflexión

_____

_____

_____

_____

_____

_____

_____

_____

_____

_____

_____

_____

_____

_____

_____

_____

_____

Fecha: _____

EL

Respeto

· · · · · · · · · · ·

«Así es como debe funcionar el matrimonio [...] Debiera ser una sociedad de mutua admiración que contribuya a elevar la autoestima de ambos socios y pasar por alto un millón de faltas que de otro modo pudieran ser destructivas»[3].

James Dobson

Reflexión 11

En todo caso, cada uno de ustedes ame también a su esposa como a sí mismo, y que la esposa respete a su esposo.

Efesios 5:33, NVI

¿**R**ecuerdas en el pasado el tiempo en que tú y tu esposo eran solo novios? ¿Te acuerdas cómo tratabas de esconder tus faltas? No te sientas mal. ¡Tal vez él estuviera haciendo lo mismo! ¿Te acuerdas cómo pasabas por alto sus faltas o las veías en una luz más positiva? Cuando volvemos la vista atrás, nos damos cuenta por qué dicen que el amor es ciego. Como un subproducto de esta actitud, es probable que creciera el nivel de respeto hacia tu cónyuge. Lo mismo ocurre cuando notamos las cosas buenas de las personas, pues de esa manera aumenta nuestro nivel de respeto hacia las mismas.

Hoy, sin embargo, después de casados, notamos las fallas de nuestro cónyuge y no tratamos de obviarlas, sino que muchas veces nos enfocamos en ellas y comienza a desgastarse el nivel de respeto en el matrimonio.

La Palabra dice en Efesios lo siguiente: «Que la esposa respete a su esposo» (5:33, NVI). Y Pedro nos dice: «Esposos, sean comprensivos en su vida conyugal, tratando cada uno a su esposa con respeto» (1 Pedro 3:7, NVI).

La Biblia nos enseña que el respeto en el matrimonio no es opcional ni se basa en los méritos del otro. Actuar con respeto es un deber para cada cónyuge.

Tu reflexión

_____

_____

_____

_____

_____

_____

_____

_____

_____

_____

_____

_____

_____

_____

_____

_____

_____

_____

Fecha: _____

Reflexión 12

Amedida que crece nuestro respeto por una persona encontramos más fácil escucharla, hablarle en un tono cortés y tratarla de una manera considerada.

Cuando comenzamos a enfocarnos en las fallas de nuestro cónyuge, nuestro nivel de respeto comienza a desgastarse. Entonces, notarás de inmediato los efectos secundarios de cómo le hablas, le escuchas y le tratas.

A la vez que se desgasta el respeto, aumenta el desprecio. El desprecio envenenará tu matrimonio y traerá consigo dolor y desdicha. Ambos, el respeto y el desprecio, se edifican en lo que tú decidas enfocarte.

Por lo tanto, decide hoy que no tratarás de forzar a tu cónyuge a que cambie solo para llenar tus expectativas. Al final, esta ruta nos lleva a un desengaño amargo y frustrante, ya que cada intento crea más resistencia y, a la larga, falla. Tú solo puedes comenzar el cambio en ti. ¡Decídete hoy!

Así se adornaban en tiempos antiguos las santas mujeres que esperaban en Dios, cada una sumisa a su esposo.

1 Pedro 3:5, NVI

Tu reflexión

Fecha: _____

Reflexión 13

*La mujer
bondadosa se
gana el respeto;
los hombres
violentos solo
ganan riquezas.*

Proverbios 11:16, NVI

El sabio Salomón hace aquí una comparación muy interesante.

En otras palabras, el respeto no se puede imponer. Es más, el respeto no se gana a la fuerza, sino que se gana con actos bondadosos.

¿Qué actitudes se podrían considerar bondadosas en el matrimonio y que despiertan el respeto de nuestro cónyuge hacia nosotros? Estos son algunos ejemplos:

- Cuidemos el lenguaje que usamos con nuestro cónyuge.
- Seamos considerados y amables.
- Aceptémosle tal y como es, sin críticas ni quejas.
- Seamos pacientes y tolerantes.

¿Debemos aprender a tolerar todas las faltas? Por supuesto que no. Un ejemplo de una falta que no se debe tolerar es la violencia doméstica. Las víctimas de violencia doméstica deben buscar ayuda de inmediato.

Tu reflexión

_____

_____

_____

_____

_____

_____

_____

_____

_____

_____

_____

_____

_____

_____

_____

_____

_____

Fecha: _____

Reflexión 14

En la lengua

hay poder de

vida y muerte;

quienes la aman

comerán

de su fruto.

Proverbios 18:21, NVI

Hoy es día de confesión. Así que confieso que no siempre he respetado a mi esposo como Dios nos manda. En realidad, no siempre me he enfocado en las cosas buenas de mi esposo, pero sí en sus faltas. También he tratado de cambiarlo usando críticas y quejas, por lo que no he sido paciente ni tolerante.

¿Y sabes adónde me condujo esta actitud? Esta actitud me condujo a la depresión y a llevar nuestro matrimonio al borde del fracaso. Con esto aprendí que a la única persona que podía ayudar a cambiar era a mí misma y que, sin respeto, mi esposo reaccionaba sin amor. No es casualidad que Pablo nos exhortara en Efesios a que «cada uno de ustedes ame también a su esposa como a sí mismo, y que la esposa respete a su esposo» (5:33, NVI). Existe una relación directamente proporcional entre el respeto al esposo y el amor hacia la esposa.

¿Quieres mi consejo después de tan frustrante experiencia? Deja la crítica y la queja y levanta a tu cónyuge en oración.

Tu reflexión

_____

_____

_____

_____

_____

_____

_____

_____

_____

_____

_____

_____

_____

_____

_____

_____

_____

Fecha: _____

Reflexión 15

De igual manera, ustedes esposos, sean comprensivos en su vida conyugal, tratando cada uno a su esposa con respeto, ya que como mujer es más delicada, y ambos son herederos del grato don de la vida. Así nada estorbará las oraciones de ustedes.

1 Pedro 3:7, NVI

Hoy es día de acción. La Biblia es bien clara al señalar que la voluntad de Dios para la pareja es que los dos deben respetarse. En nuestro pasaje de hoy vemos que el esposo debe tratar a su esposa con respeto y en Efesios 5:33 nos dice que la esposa debe respetar a su esposo.

Tal vez tú estés en una situación que parece ser un círculo vicioso. A lo mejor los dos se han perdido el respeto. Quizá ya estés sufriendo los resultados de esta actitud y sientas que el desprecio está tocando la puerta de tu hogar. Esta semana hemos hablado de cómo cuando nos enfocamos en las cosas positivas de nuestro cónyuge, logramos que aumente nuestro respeto.

Así que ahora te animo a que durante las próximas tres semanas hagas una lista cada día de diez cosas positivas que ha hecho tu cónyuge. Asimismo, puedes ir al pasado e incluir cosas de tus buenos recuerdos. Cada noche, muéstrale a tu cónyuge algunas de las cosas de tu lista.

También te animo a que cada vez que te encuentres persistiendo en las faltas de tu cónyuge, le levantes en oración a Dios. Si necesitas una guía práctica de oración, escríbenos y te la enviaremos.

Tu reflexión

_____

_____

_____

_____

_____

_____

_____

_____

_____

_____

_____

_____

_____

_____

_____

_____

_____

_____

Fecha: _____

EL
Egoísmo

. . . .

«El yo es la única cárcel que puede atar el alma»[4].

Henry Van Dyke

Reflexión 16

Si quieres un matrimonio sano y feliz, tienes que aprender a controlar tu egoísmo. Por otro lado, si quieres dañar en verdad tu matrimonio e incrementar el dolor y la infelicidad que tal vez ya estés experimentando, sé egoísta.

El egoísmo es una parte universal de la experiencia humana. Es más, está implícito en nuestra naturaleza. Cuando somos egoístas, casi siempre nos recompensan con un gusto. Sin embargo, el placer es efímero, pero no así las consecuencias.

Es evidente que el egoísmo envenena nuestras relaciones matrimoniales. No obstante, es bueno aclarar que ocuparnos de nuestros intereses es algo importante si uno quiere llevar una vida sana y satisfactoria. El problema es cuando se buscan solo los intereses personales sin tomar en consideración los intereses de los demás, ni los de la sociedad. Esta es la definición exacta del egoísmo.

En 1 Corintios 13:5 encontramos que una de las características del amor es que «no busca lo suyo». Por lo tanto, en el amor no cabe el egoísmo.

[El amor]

no busca

lo suyo.

1 Corintios 13:5, RV-60

Tu reflexión

_____

_____

_____

_____

_____

_____

_____

_____

_____

_____

_____

_____

_____

_____

_____

_____

_____

Fecha: _____

Reflexión 17

Pero él quería

justificarse,

así que

le preguntó

a Jesús:

—¿Y quién es

mi prójimo?

Lucas 10:29, NVI

El origen de la palabra «egoísmo» es justo esa: La actitud del ego o del yo. Es el principio de conducta que procura los intereses personales sin tomar en consideración los intereses de los demás, ni los de la sociedad. El egoísmo se halla estrechamente ligado al individualismo.

La mayoría de nosotros sabe que el egoísmo tiende a alejar a las personas. Por eso fue que escondimos nuestras tendencias egoístas de nuestros futuros cónyuges durante el noviazgo. Después de casarnos, nos comenzamos a sentir lo bastante seguros en la relación y dejamos que las tendencias egoístas empezaran a revelarse. No importa qué tan fuerte sea la relación que hayamos desarrollado mientras manteníamos nuestra naturaleza egoísta bajo control, pues esta se comenzará a envenenar tan pronto como mostremos comportamientos egoístas.

La actitud de los dos primeros personajes que pasaron junto al caído en la parábola del Buen Samaritano, nos ilustra lo que nos lleva a hacer el egoísmo: ¡Pasar por alto las necesidades de los otros cuando no están alineadas con las nuestras! En el matrimonio, por el contrario, debemos actuar como el Buen Samaritano, aquel que se detiene, considera la necesidad del otro, lo levanta y le sirve.

Tu reflexión

_____

_____

_____

_____

_____

_____

_____

_____

_____

_____

_____

_____

_____

_____

_____

Fecha: _____

Reflexión 18

Porque vosotros,

hermanos,

a libertad fuisteis

llamados;

solamente que no

uséis la libertad

como ocasión para

la carne, sino

servíos por amor

los unos

a los otros.

Gálatas 5:13, RV-60

Hoy es día de confesión. Así que confieso que cuando mi esposo y yo éramos novios, mostraba una mayor preocupación por sus cosas que la que tenía después de casada. Me interesaba saber qué colonia le gustaba y lo acompañaba a partidos de fútbol que no me interesaban en realidad. Cuando lo analizo, estoy segura que a todos nos acontece algo parecido.

Nuestra experiencia de noviazgo nos enseña que tenemos la habilidad de controlar nuestro egoísmo. Sin embargo, ¿cómo logramos recuperar esta habilidad una vez que estamos casados?

El temor de alejar a nuestra pareja era el factor que nos motivaba a controlar nuestra naturaleza egoísta durante el noviazgo. Aunque el temor puede motivarnos a cambiar nuestro comportamiento a corto plazo, este pierde su efecto a largo plazo.

Una solución a largo plazo es la de reemplazar nuestras tendencias egoístas con algo positivo. De ahí que el antídoto para el egoísmo sea el servicio. Es difícil ser egoísta cuando servimos a nuestro cónyuge. El servicio nos fuerza a poner las necesidades de nuestro cónyuge por encima de las nuestras.

¡Busca maneras de servir a tu cónyuge hoy y verás el cambio en tu relación!

Tu reflexión

_____

_____

_____

_____

_____

_____

_____

_____

_____

_____

_____

_____

_____

_____

_____

_____

_____

_____

Fecha: _____

Reflexión 19

Sirvan de

buena gana,

como quien sirve

al Señor y no

a los hombres.

Efesios 6:7, NVI

Una de las llaves para que tengas un matrimonio fuerte radica en pensar y tratar de
llenar las necesidades de tu cónyuge antes que
las tuyas. Cuando usas esta llave, alejas el egoísmo y tu relación absorbe un espíritu de servicio.

Este espíritu de servicio es contagioso.
Algunos estudios muestran que tu cónyuge
comenzará a hacer lo mismo en un período de
tres semanas. Tal vez al principio vea tu servicio
con sospecha. No obstante, si eres constante en
tu servicio, a la larga comenzará a actuar de
manera recíproca y muy pronto los dos
empezarán a experimentar el gozo y la felicidad
de un matrimonio que practica el servicio con
naturalidad.

¿Te imaginas qué diferencia veríamos en
nuestros hogares si sirviéramos a nuestro esposo
como si lo hiciéramos al mismo Señor Jesús?
Muchas veces a nosotras las mujeres nos resulta
muy fácil decir que haríamos cualquier cosa por
nuestro Señor. Sin embargo, cuando tiene que
ver con nuestros esposos, no mostramos la
misma actitud de servicio. Incluso la Biblia nos
dice que «el que no ama a su hermano [su próji-
mo], a quien ha visto, no puede amar a Dios, a
quien no ha visto» (1 Juan 4:20, NVI).

Te sugiero que sigas este plan de acción:
Haz una lista de cinco cosas que harás cada día

para servir a tu cónyuge. Toma tiempo cada semana para añadir nuevas ideas a tu lista. Y, recuerda, algo maravilloso que puedes hacer por tu cónyuge es recordarlo en oración todos los días.

Tu reflexión

Fecha: _____

Reflexión 20

No seas

vengativo con tu

prójimo, ni le

guardes rencor.

Ama a tu prójimo

como a ti mismo.

Yo soy

el Señor.

Levítico 19:18, NVI

El egoísmo envenena el matrimonio. ¿Cuál es entonces el verdadero remedio para el egoísmo? Una respuesta que hemos propuesto es que pensemos en el otro, como vemos en la parábola del Buen Samaritano. Sin duda, este es un buen hábito cristiano que debemos cultivar. Nuestro cónyuge es nuestro vecino, nuestro prójimo más cercano, y uno al cual debemos servir y amar como a nosotros mismos.

Es de suma importancia adquirir el hábito de pensar en el bienestar, la conveniencia y los deseos de nuestro cónyuge. Asimismo, debemos procurar complacerle en las cosas que lo edifiquen. Sin embargo, aún existe un camino mejor que es dejar que Cristo llegue a ser el centro de nuestros pensamientos y no el «yo». De esa manera, todas mis acciones tendrán una referencia directa a Él.

En otras palabras, Cristo fue el Buen Samaritano perfecto, y si nuestros pensamientos se alinean a los suyos, no habrá lugar para el egoísmo en nuestro matrimonio, sino para el servicio y el amor. A fin de llenarnos del amor de Dios tenemos primero que vaciarnos de nosotros mismos. En un corazón lleno de sí mismo no hay cabida para nada ni nadie más. Por eso, Dios está dispuesto a llenarnos de su amor incondicional cuando decidimos rendirle

el alma. Cuando nuestro vaso esté lleno de su amor, nuestros cónyuges se beneficiarán de las aguas que comenzarán a desbordarse a través de nuestras acciones.

Tu reflexión

_____

_____

_____

_____

_____

_____

_____

_____

_____

_____

_____

Fecha: _____

EL *Afecto*
. . . .

«La mente grande conoce
el poder de la ternura»[5].

Robert Browning

Reflexión 21

Mi amado es

mío, y yo

soy suya;

él apacienta

su rebaño entre

azucenas.

Cantares 2:16, NVI

El afecto físico es un ingrediente crítico para un matrimonio sano. Así como el cuerpo necesita comidas nutritivas con regularidad, nuestros matrimonios necesitan de dosis frecuentes de afecto para crecer de manera sana. Sin afecto, nuestras relaciones matrimoniales se enferman y mueren.

Muchas parejas están hambrientas por la falta de afecto, cuando el plan de Dios es que disfrutemos del afecto de los que amamos.

El afecto es algo que podemos dar a nuestros padres y a nuestros hijos, así que no nos referimos a las relaciones sexuales. Muchas personas crecieron en hogares donde el afecto físico no era común. Cuando llegan al matrimonio, están hambrientas de afecto. Debemos tener cuidado de dar suficiente afecto físico a nuestra pareja sin necesidad de llevar toda expresión física a la sexualidad. En nuestra relación matrimonial deben abundar cada día los abrazos, las caricias y los besos, sin que exista la expectativa de esperar que siempre estas expresiones afectivas se conviertan en algo más.

¿Cómo crees que se sentía esa esposa de la que habla Proverbios 31 cuando sus hijos se levantaban y la felicitaban? Es más, su esposo la alababa por todas sus virtudes diciéndole: «Muchas mujeres han realizado proezas, pero

tú las superas a todas» (31:29, NVI). Es probable que esta mujer se sintiera segura y más cerca en lo emocional de su familia. Sin duda, las palabras de afirmación son también una manera eficaz de mostrar afecto en el hogar, no solo a la mujer, sino también al hombre y a los hijos.

¡El afecto es un elemento esencial para un matrimonio sano!

Tu reflexión

_____

_____

_____

_____

_____

_____

_____

_____

_____

_____

_____

Fecha: _____

Reflexión 22

Y tomándolos

en sus brazos,

los bendecía,

poniendo las

manos sobre ellos.

Marcos 10:16, LBLA

Hoy en día los hogares sólidos y felices corren el riesgo de volverse una especie en peligro de extinción.

Dicen que uno de los mayores regalos que un padre puede darles a sus hijos es el de mostrarles que ama a su esposa. Por eso es bueno que los padres expresen su afecto delante de sus hijos. Uno de los recuerdos más gratos para un hijo es el de haber visto a sus padres mostrándose afecto el uno al otro. En nuestro hogar, mi esposo es intencional al besarme enfrente de nuestros hijos y luego dice: «Beso de grupo». Esta es la señal que nos da para que nos abracemos los cuatro y tiremos un beso en el centro del círculo. Un beso para todos y todos los besos para cada uno.

Jesús nos dejó el ejemplo de abrazar a nuestros hijos y bendecirlos. Muchas veces, cuando me siento cansada o emocionalmente cargada, le pido a mi esposo que me abrace y me bendiga. Mi esposo es mi cobertura espiritual y puede usar sus manos y su boca para mostrar su afecto y bendecirme literalmente en el nombre de Jesús.

Busca oportunidades para tomarte de la mano con tu cónyuge. Hazlo mientras caminen y vean la televisión. También mientras cenen juntos o en la iglesia. Las mujeres nos quejamos

a menudo de que nuestros esposos se sientan a ver programas de televisión que no nos interesan. Por lo general, son los deportes. La próxima vez que suceda esto, no te quejes. Mas bien tómate de su mano, pídele que te dé un abrazo y quédate a su lado disfrutando de su compañía.

No descuides el afecto en tu familia, así que exprésalo con frecuencia y coherencia.

Tu reflexión

_____

_____

_____

_____

_____

_____

_____

_____

_____

Fecha: _____

Reflexión 23

Esfuércense por añadir a su fe, virtud; a su virtud, entendimiento; al entendimiento, dominio propio; al dominio propio, constancia; a la constancia, devoción a Dios; a la devoción a Dios, afecto fraternal; y al afecto fraternal, amor. Porque estas cualidades, si abundan en ustedes [...] evitarán que sean inútiles e improductivos.

2 Pedro 1:5-8, NVI

Hoy es día de confesión. Así que confieso que, a pesar de que en nuestra familia hemos adquirido buenos hábitos de saludarnos con un beso y tomar el tiempo para mostrar afecto cuando nos vemos después de un tiempo aparte, muchas veces he descuidado a mi familia y he dejado este buen hábito a un lado. Todo, con la excusa de que estoy ocupada sirviendo a Dios y he creído que tal comportamiento se disculpa debido a que mi trabajo en el ministerio muestra mi devoción hacia Dios.

Por eso, ahora quisiera contarles algo que me ha ayudado. He decidido que después de un día agitado fuera de casa, antes de entrar por la puerta, apago mi celular y me siento en el auto por unos dos minutos. En esos dos minutos, trato de hacer el cambio de ambiente. De modo que respiro profundo y le pido a Dios que me llene de su gracia para tratar con mi familia.

Si no me tomo estos dos minutos, corro el riesgo de enviar el mensaje equivocado a mis hijos y a mi esposo. Es posible que no se den cuenta que estoy cansada, y que piensen que estoy cansada de ellos. Estos dos minutos me ayudan a llegar a mi familia más calmada y lista para poder mostrarles el afecto que tengo por ellos de una manera concreta: Un beso, un abrazo y unas efusivas expresiones de alegría de volver a estar en presencia de los que más amo.

El afecto nutre y le da vida a nuestras relaciones familiares. ¡No la descuides!

Tu reflexión

_____

_____

_____

_____

_____

_____

_____

_____

_____

_____

_____

Fecha: _____

Reflexión 24

El mostrar afecto de la manera que nuestros cónyuges pueden entender, trae como resultado que la pareja se sienta más segura, apasionada y emocionalmente cerca el uno del otro.

Hoy es día de acción. Por eso te animo a que aprendas el lenguaje de afecto que habla tu cónyuge. Descubre si tu cónyuge es una persona práctica o alguien que se conecte más en su esfera emocional, o que tal vez sea una persona intelectual. Además, es importante que le comuniques a tu cónyuge qué clase de muestras de afecto es más importante para ti.

¿Cómo podemos mostrar afecto? Hay muchas maneras:

- ¡Comienza cada día con un beso o un abrazo fuerte!
- Envíale una nota de amor.
- Llámalo al trabajo solo para decirle que le amas.
- En una noche clara miren juntos al cielo y busquen las estrellas.
- ¡Haz de la diversión en común una prioridad!

Bendita sea tu fuente!

¡Goza con la esposa de tu juventud!

Proverbios 5:18, NVI

Y mis favoritas:

- Encuentra las cosas buenas de tu cónyuge y alábalo.
- En tiempos difíciles, piensa en las razones por las que te enamoraste de tu pareja y enfócate en ellas.

Tu reflexión

_____

_____

_____

_____

_____

_____

_____

_____

_____

_____

Fecha: _____

Reflexión 25

Yo soy

de mi amado,

y él me busca

con pasión.

Cantares 7:10, NVI

La falta de afecto puede enfermar un matrimonio. Para que nuestros matrimonios sean sanos deben estar presentes tanto los sentimientos de amor como las expresiones de afecto.

La Palabra de Dios dice que el amor es bondadoso, así que la demostración de afecto es mediante la ternura. Cuando el amor no es brusco, el afecto se muestra a través de palabras de disculpas. Entonces, si no sabes qué muestras de afecto aprecia más tu cónyuge, pregúntale. Este consejo no es solo para parejas que llevan casadas poco tiempo. Recuerda que los seres humanos cambiamos y nuestros gustos también cambian con el tiempo.

Percibir cuáles son las necesidades afectivas de nuestro cónyuge y llenarlas en una forma que las pueda entender, nos traerá felicidad matrimonial, intimidad, satisfacción y gozo.

Todos somos diferentes y todos mostramos nuestro afecto de distintas maneras. Mi esposo, por ejemplo, me prepara el café todas las mañanas. Así que recibo mi café cada mañana como una muestra de su afecto hacia mí. Muchas veces, podemos frustrarnos si solo vemos las expresiones de afecto que no recibimos en vez de contar, aceptar y agradecer las muestras de afecto que nos provee nuestro cónyuge. Tenemos que tener un equilibrio en esta esfera a fin de poder vivir una vida matrimonial saludable.

Tu reflexión

_____

_____

_____

_____

_____

_____

_____

_____

_____

_____

_____

_____

_____

_____

_____

_____

_____

Fecha: _____

LAS
Finanzas

. . . .

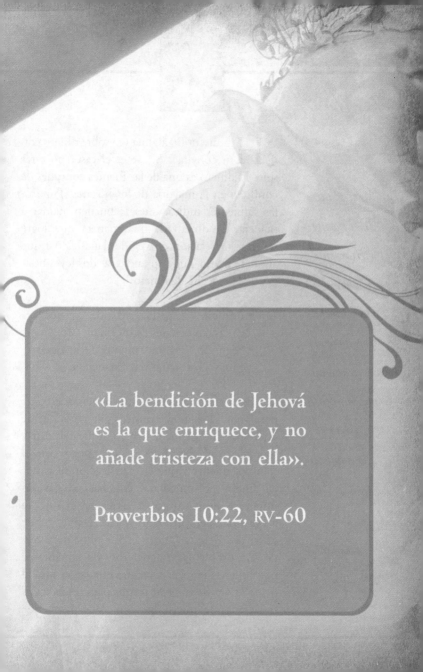

«La bendición de Jehová es la que enriquece, y no añade tristeza con ella».

Proverbios 10:22, RV-60

Reflexión 26

Los planes

del diligente

ciertamente

tienden a la

abundancia,

pero todo el

que se apresura

alocadamente,

de cierto va

a la pobreza.

Proverbios 21:5, RV-95

¿Haz discutido alguna vez sobre dinero con tu cónyuge? Si ese es el caso, no estás solo. El dinero es una de las fuentes comunes de conflicto en la mayoría de los hogares. Por eso, las siguientes indicaciones te pueden ayudar a manejar tu dinero de una manera que logre reforzar tu relación en vez de dañarla. Así que ahora te invito a que aprendas las dos leyes básicas de la cosecha de dinero:

- Primero, si gastas más de lo que ganas, cosecharás estrés financiero.
- Segundo, si gastas menos de lo que ganas, cosecharás paz financiera.

Es obvio cuál es la ley que debemos escoger para vivir. ¿Por qué la inmensa mayoría decide vivir por la primera ley? Porque el estrés financiero se construye poco a poco con el tiempo, mientras que la gratificación al gastar el dinero es inmediata. Muchas parejas no notan el aumento en el estrés hasta que su carga financiera los agobia. Las parejas deben optar por ejercitar juntos la disciplina para salir de sus problemas financieros. Es lamentable que muchas parejas decidan culparse el uno al otro, en vez de trabajar juntos para resolver sus problemas de dinero. Escojan como pareja qué ley financiera van a seguir. Anota tu decisión en un papel y colócala en tu cartera.

Tu reflexión

_____

_____

_____

_____

_____

_____

_____

_____

_____

_____

_____

_____

_____

Fecha: _____

Reflexión 27

El perezoso

no labra la

tierra en otoño;

en tiempo de

cosecha buscará

y no hallará.

Proverbios 20:4, NVI

El dinero es una de las fuentes comunes de conflicto en la mayoría de los matrimonios.

Nuestro consejo es que aprendan en familia las leyes básicas del manejo del dinero. Lo mejor sería estudiar los principios bíblicos referentes a las finanzas.

Invierte tiempo educándote acerca de cómo manejar tu dinero con sabiduría. Un buen lugar para comenzar es leyendo el libro de Proverbios.

En nuestra casa, seguimos las indicaciones que nos dejara el sabio Salomón en este libro, las cuales nos han ayudado a manejar nuestro dinero de una manera que refuerza nuestra relación en vez de dañarla.

¿Qué hemos aprendido del sabio Salomón? Que «el dinero mal habido pronto se acaba; pero quien ahorra, poco a poco se enriquece» (Proverbios 13:11, NVI).

Y en Proverbios 24, Salomón cuenta: «Pasé por el campo del perezoso [...] y de lo visto saqué una lección: Un corto sueño, una breve siesta, un pequeño descanso cruzado de brazos... ¡y te asaltará la pobreza como un bandido, y la escasez, como un hombre armado!» (vv. 30, 32-34, NVI).

El ahorro y la diligencia en el trabajo son dos principios clave para el éxito financiero en nuestro hogar.

Tu reflexión

_____

_____

_____

_____

_____

_____

_____

_____

_____

_____

_____

_____

_____

_____

_____

_____

_____

Fecha: _____

Reflexión 28

Uno de los principios bíblicos referentes a las finanzas es el de no adquirir deudas. Y si las tienes, debes salir de ellas lo más pronto posible. Proverbios 22:7 lo dice bien claro: «El que pide prestado, se hace esclavo del prestamista».

Nunca es demasiado tarde para hacer cambios que nos ayuden a salir de las deudas y nos mantengan alejados de ellas una vez que se cancelen. Mientras más rápido comiences, mucho más dolor te evitarás.

Los expertos nos aconsejan que comencemos pagando la deuda con el interés más alto y, una vez que termines, utiliza el cien por cien de ese dinero que ahora tienes disponible para pagar la próxima deuda con el interés más alto. Continúa este proceso hasta que estés libre de todas tus deudas.

Uno se puede endeudar de la noche a la mañana, pero el pago de las deudas toma tiempo y perseverancia. Recuerda que el objetivo es tener paz financiera, la cual es más deseable que el estrés financiero.

Decide hoy que no serás esclavo de nadie. Una de las cosas más satisfactorias que podemos hacer es salir de las deudas. Determina estar libre de deudas, pues es la voluntad de Dios para tu vida. Si necesitas una guía, pídela y te la enviaremos.

El pobre trabaja para el rico; el que pide prestado, se hace esclavo del prestamista.

Proverbios 22:7, TLA

Tu reflexión

_____

_____

_____

_____

_____

_____

_____

_____

_____

_____

_____

_____

_____

_____

_____

_____

_____

_____

Fecha: _____

Reflexión 29

Donde no hay visión, el pueblo se extravía.

Proverbios 29:18, NVI

A veces es difícil ponerse de acuerdo en cómo utilizar el dinero en el matrimonio. Cada uno de nosotros tiene su propia visión del dinero aunque no esté escrita en algún lugar, ni la podamos hacer palabras. En realidad, nuestras acciones la muestran con claridad. Algunos quieren guardar todo su dinero y otros solo piensan en gastarlo.

Mateo 12:25 nos dice: «Todo reino dividido contra sí mismo, es asolado, y toda ciudad o casa dividida contra sí misma, no permanecerá» (RV-60). Estas palabras de Jesús nos muestran la importancia de ponernos de acuerdo en cualquier esfera que traiga conflicto al hogar y, en este caso, en nuestras decisiones financieras.

Un buen comienzo es el de ejercitarnos en percibir la diferencia entre un gasto debido a una necesidad y un gasto solo por un deseo. Una necesidad es una compra básica para continuar viviendo, todo lo demás son solo deseos. Para disminuir el conflicto en esta esfera, debemos decidir juntos en qué deseos usaremos el dinero que nos queda después de cumplir con los gastos que son necesarios para vivir. Pídele al Señor que te dé una visión clara en el manejo del dinero.

Tu reflexión

Fecha: _____

Reflexión 30

Honra al Señor con tus bienes.

Proverbios 3:9, LBLA

Tú y tu cónyuge necesitan estar de acuerdo en las decisiones financieras. Además, deben estar dispuestos a afrontar las consecuencias de estas decisiones una vez que las toman. Así que pídele a Dios sabiduría para manejar el dinero.

Hace falta tiempo para alcanzar la paz financiera en el hogar debido a que todas nuestras decisiones necias del pasado también traen su propia cosecha. El libro de Proverbios nos da algunas pautas a seguir:

No te metas en malos negocios: «Mejor es lo poco con el temor del Señor, que gran tesoro y turbación con él» (15:16, LBLA). Y también: «Mejor es poco con justicia, que gran ganancia con injusticia» (16:7, LBLA).

Sean generosos: «El que da al pobre no pasará necesidad» (28:27, LBLA). Y también dice: «El que es generoso prospera; el que reanima será reanimado» (11:25, NVI).

Sean diligentes: «Asegúrate de saber cómo están tus rebaños; cuida mucho de tus ovejas; pues las riquezas no son eternas [...] las ovejas te darán para el vestido, y las cabras para comprar un campo; tendrás leche de cabra en abundancia para que se alimenten tú y tu familia» (27:23-24, 26-27, NVI).

No se afanen: «No te afanes acumulando riquezas; no te obsesiones con ellas [...] pues se

van volando como las águilas» (23:4-5, NVI). ¡Este es mi proverbio favorito!

Recuerda, la meta es tener paz financiera en tu hogar.

Tu reflexión

_____

_____

_____

_____

_____

_____

_____

_____

_____

_____

_____

_____

Fecha: _____

EL

Tiempo

. . . .

«Como si pudiera matar
el tiempo sin perjudicar
la eternidad».

Henry David Thoreau

Reflexión 31

Una de las primeras preguntas que les hacemos a las parejas casadas que vienen a nosotros para pedir ayuda es cómo fue su tiempo de novios. Es muy importante saber la manera en que comenzó la relación. La respuesta que recibimos, casi siempre nos da más de una pista en lo que hoy puede ser una de las esferas de conflicto en la pareja.

Por ejemplo, mira atrás y recuerda cuánto tiempo empleabas nutriendo tu relación cuando tú y tu cónyuge eran solo novios. Estoy segura que casi todas las cosas perdían prioridad cuando se trataba de pasar tiempo con tu futuro esposo. No es por casualidad que creciera con rapidez tu relación con el que fuera tu novio en ese entonces.

El tiempo va pasando y comenzamos a emplear menos tiempo de calidad juntos, desnutriendo nuestra relación. Esto a veces ocurre por la necesidad que tenemos en otros aspectos de la vida que exigen nuestra atención.

Sin embargo, las relaciones son como las plantas. Se pueden descuidar por un rato, pero si las abandonas por mucho tiempo, comenzarán a morirse.

Pasar tiempo de calidad juntos es una de las claves para un matrimonio saludable.

Mirad, pues, con diligencia cómo andéis, no como necios sino como sabios, aprovechando bien el tiempo, porque los días son malos.

Efesios 5:15-16, RV-60

Tu reflexión

_____
_____
_____
_____
_____
_____
_____
_____
_____
_____
_____
_____
_____
_____
_____
_____
_____
_____
_____

Fecha: _____

Reflexión 32

El que cuida

de la higuera

comerá de sus

higos, y el que

vela por su

amo recibirá

honores.

Proverbios 27:18, NVI

Como vimos, las relaciones son como las plantas: Se pueden descuidar por un rato, pero si las abandonas por mucho tiempo, empezarán a morirse.

Entre más tiempo descuidemos las plantas y las relaciones, más tiempo y esfuerzo harán falta para revivirlas.

La mejor manera de nutrir las plantas, y también las relaciones, es darles lo que necesitan para mantenerse saludables. Por eso, los matrimonios fuertes se logran pasando tiempo juntos, riendo juntos, jugando juntos. Así que si no tienes la costumbre de tener citas con tu pareja, ¡planéalas ya!

Pasar tiempo juntos debe ser tu prioridad. Dile NO más a menudo a otras ocupaciones, actividades sociales con otros, trabajo extra o de voluntario, y las reuniones. Luego, dile SÍ más a menudo a las actividades solo con tu pareja.

En el mundo agitado que vivimos hoy, el dar de nuestro tiempo a nuestros seres queridos es un enorme desafío. Pasar tiempo con el cónyuge no es sentarse a su lado enfrente del televisor. Pasar tiempo de calidad juntos es darle a tu cónyuge tu tiempo.

Cuida de tu relación matrimonial y te deleitarás con los frutos de tu esfuerzo.

Tu reflexión

_____

_____

_____

_____

_____

_____

_____

_____

_____

_____

_____

_____

_____

_____

_____

_____

_____

Fecha: _____

Reflexión 33

No nos cansemos, pues, de hacer bien; porque a su tiempo segaremos, si no desmayamos.

Gálatas 6:9, RV-60

Hoy es día de confesión. Así que confieso que para mí es muy fácil decirles sí a muchas actividades, al trabajo extra, a las reuniones sociales y al trabajo en la iglesia. De ahí que muchas veces me sienta agotada y sin tiempo de calidad para dedicarle a mi esposo. A pesar de que tenemos el buen hábito de salir juntos solos y de tener citas, a menudo siento que no lo planeo como es debido. Es más, que no tomo el tiempo para meditar en qué cosas hacer cuando estamos juntos y que nos lleven a promover una comunicación abierta, a escuchar el punto de vista del otro, todo en un ambiente de intimidad y confianza. Si estoy agotada cuando salimos juntos, lo que en realidad le doy a mi esposo son las sobras de mi tiempo y no la prioridad que merece nuestra relación.

La verdad es que tampoco soy muy buena con las plantas. Mis pobres plantas esperan desesperadas el agua y el cuidado que necesitan, y tengo que confesar también que muchas se me han muerto.

Por lo tanto, te invito a que coloquemos la nutrición de nuestra relación matrimonial bien arriba en la lista de nuestras prioridades diarias.

Tu reflexión

_____
_____
_____
_____
_____
_____
_____
_____
_____
_____
_____
_____
_____
_____
_____
_____
_____
_____

Fecha: _____

Reflexión 34

Tiempo de

plantar [...]

tiempo de reír [...]

tiempo de bailar

[...] tiempo

de abrazar.

Eclesiastés 3:2, 4-5,
RV-60

Hoy es día de acción. Hemos estudiado que el pasar tiempo de calidad en unión con nuestro cónyuge es una de las claves para un matrimonio saludable. Además, vimos que del mismo modo que las plantas necesitan nutrirse, las relaciones también necesitan de tiempo y cuidado para permanecer saludables.

Sin embargo, ¿qué podemos hacer para encontrar el tiempo que precisamos para dedicárselo de manera exclusiva a nuestro cónyuge? Déjame darte unas cuantas sugerencias: Escribe las cosas en las que te ocupas casi siempre durante el día. Luego, lee la lista y pregúntate: *¿Puedo sacrificar esta actividad y usar este tiempo para fortalecer mi relación matrimonial?* Creo que te sorprenderá cuánto tiempo vas a encontrar. Ahora, mira la lista de nuevo y piensa en qué cambios puedes efectuar en determinada actividad de tal manera que pueda ser un agente de nutrición, al tiempo en que realizas dicha actividad.

También revisa las actividades que los dos hacen todos los días y coordinen sus agendas para que las puedan hacer juntos. Por ejemplo, los dos tienen que comer y tomar un baño. Asimismo, debes planear bien el tiempo para hacer el amor, caminar por la playa, o en el vecindario, a fin de retomar una actividad que disfruten los dos. Usa esos momentos comunes para nutrir tu relación.

Tu reflexión

_____

_____

_____

_____

_____

_____

_____

_____

_____

_____

_____

_____

_____

_____

_____

_____

_____

_____

_____

_____

_____

Fecha: _____

Reflexión 35

Todo tiene

su tiempo.

Eclesiastés 3:1, RV-60

El incremento de la cantidad de tiempo que pasamos juntos con nuestro cónyuge es importante. No obstante, para recibir un beneficio mayor también necesitamos incrementar la calidad del tiempo. Una de las maneras de lograrlo es cuando escoges actividades que te permiten interactuar con tu cónyuge. Salir a cenar es una buena actividad. Los científicos dicen que, por lo general, a los hombres les gusta hablar cuando se sientan uno al lado del otro y a las mujeres nos gusta cuando nos miramos de frente. Así que escojan un restaurante un poco retirado de la casa, de ese modo pueden conversar en el camino como le agrada a él, y cuando llegan al restaurante, ella se sentirá cómoda para una conversación íntima.

Aunque no lo parezca a primera vista, pasar tiempo juntos como pareja es bueno para nuestros hijos. Un matrimonio feliz es la mejor plataforma para una familia dichosa. Cuando los hijos ven a sus padres comprometidos el uno con el otro y sienten el amor entre el padre y la madre, van a buscar esta clase de relación cuando llegue su tiempo.

Enfócate en tu relación matrimonial y pregúntate si tus hijos ven el amor que se tienen los dos.

Tu reflexión

_____

_____

_____

_____

_____

_____

_____

_____

_____

_____

_____

_____

_____

_____

_____

_____

Fecha: _____

AMOR *Ágape* . . . . .

«Bendita es la influencia
de un alma verdaderamente
amorosa sobre otra»[6].

Víctor Hugo

Reflexión 36

Nadie tiene

mayor amor

que este,

que uno ponga

su vida por

sus amigos.

Juan 15:13, RV-60

Dos semanas antes de nuestra ceremonia de matrimonio, Brian y yo nos sentamos a cenar con mis padres y mis suegros. Mientras compartíamos juntos, mi padre, que siempre iba al punto, nos preguntó: «¿Por qué ustedes piensan que su matrimonio va a durar?». Brian y yo nos miramos el uno al otro y contestamos como pudimos en ese momento. Mi padre nos exhortó en algo que hoy tiene más sentido que hace quince años: El amor romántico que tal vez nos uniera como pareja no iba a ser suficiente para sostenernos a través de los huracanes de la vida y de las tormentas que todo matrimonio tiene que pasar.

El amor romántico es muy importante y no debe descuidarse en nuestras relaciones conyugales, pero más importante es desarrollar el tipo de amor que la Biblia llama *amor ágape*. La palabra *ágape* viene del griego y define el amor como darse a sí mismo sin esperar nada a cambio. Este amor solo puede venir de Dios, pues Él es la fuente de este amor.

A fin de que consigamos permanecer firmes ante los vientos de la adversidad, debemos desarrollar un amor más profundo. Solo este amor *ágape* te ayudará a lograr tu sueño de tener un matrimonio feliz y saludable para toda la vida.

Tu reflexión

_____

_____

_____

_____

_____

_____

_____

_____

_____

_____

_____

_____

_____

_____

_____

_____

Fecha: _____

Reflexión 37

Ámense los unos a los otros con amor fraternal, respetándose y honrándose mutuamente.

Romanos 12:10, NVI

La expresión del amor *ágape*, el amor de Dios, es un desafío para quienes se han acostumbrado a dar solo cuando reciben algo a cambio. Cuando damos algo a nuestro cónyuge y esperamos recibir algo a cambio, suceden dos cosas terribles: En primer lugar, disminuye el valor de lo que hemos hecho. En segundo lugar, esa actitud nos lleva al resentimiento si nos quedamos esperando sin recibir nada a cambio.

El amor *ágape* es un amor que no se basa en incentivos personales. Vencer la tendencia natural de esperar algo a cambio puede ser difícil, pero es posible. El logro de este cambio de actitud es una de las llaves para abrir las puertas al gozo y disminuir la desdicha que tal vez estemos experimentando en nuestros matrimonios.

¿Cómo se puede desarrollar y alimentar el amor *ágape* en tu matrimonio?

El primer paso es identificar los obstáculos que nos alejan de poder desarrollar y alimentar esa clase de amor. Luego, debemos desarrollar e implementar un plan para vencer estos obstáculos.

Es posible que tu cónyuge al principio vea con escepticismo tus esfuerzos por expresar amor *ágape*. Aun así, sé paciente y mantente firme en tus expresiones de amor. A la larga, tu cónyuge comenzará a tratarte de la misma manera.

Tu reflexión

_____

_____

_____

_____

_____

_____

_____

_____

_____

_____

_____

_____

_____

_____

_____

Fecha: _____

Reflexión 38

*El amor
perfecto echa
fuera el temor.*

1 Juan 4:18, NVI

Hoy es día de confesión. Pero antes, quiero mostrarte las palabras que se escogieron para decorar nuestra cena de matrimonio: «Amor es escoger el bienestar más sublime para el otro». Estas palabras Dios nos la envió a través de una mujer ya mayor que tuvo un sueño sobre el día de nuestra boda y Él le dio el mensaje para colocar en la pared. También nos dijo que decoraría toda la boda gratis, pues Dios se lo pidió así. Todavía recuerdo la pancarta y no sabía yo la importancia de esas palabras para nuestra vida. Así que confieso que no siempre he escogido el bienestar más sublime para mi esposo. Ni siempre he permitido que el amor de Dios se manifieste en nuestro matrimonio.

Como todas las cosas buenas en la vida, hay cierta medida de riesgo. Cuando expresamos amor *ágape*, nos ponemos en una situación vulnerable de la que es fácil salir heridos. Este temor ha paralizado a muchos en sus intentos de expresar por completo el amor *ágape* a su cónyuge.

Un deportista dijo una vez que uno pierde el cien por cien de los goles que no intenta meter. Si quieres un matrimonio feliz y sano, de seguro que no desearás perder la oportunidad de meter un gol.

Tu próximo paso es hacer una lista de las cosas que puedes dar de ti. No pienses solo en las cosas grandes, sino también incluye más que todo cosas pequeñas, como el dejar una nota en el espejo, hacer alguno de los quehaceres de la casa o llenarle el auto con gasolina. Piensa en cosas que puedes decir y hacer que le muestren a tu cónyuge tu amor. Decídete hoy por el bienestar más sublime para tu cónyuge.

Tu reflexión

_____

_____

_____

_____

_____

_____

_____

_____

_____

Fecha: _____

Reflexión 39

El fruto del

Espíritu es amor.

Gálatas 5:22, NVI

El amor *ágape* solo se logra por medio del Espíritu Santo y su obra en nosotros. El logro de expresárselo a nuestro cónyuge debe ser nuestra meta constante.

El amor *ágape* habla acerca de nuestro comportamiento hacia nuestro cónyuge. Esto significa que no lo definen sentimientos, sino las acciones.

Por eso te invito a que escribas cuatro cosas que puedes hacer para expresarle amor a tu cónyuge. Cada mañana, toma dos minutos para revisar tu lista, añade otras ideas y selecciona cuál vas a utilizar ese día para expresar tu amor.

El paso más importante es que sigas el plan con fidelidad. Los mejores planes para fortalecer un matrimonio no sirven de nada si nunca los llevamos a cabo.

Por eso la idea es que desarrolles un hábito de por vida y que continúes incrementando tu lista y realices una acción diaria.

Tú puedes lograr el sueño de tener un matrimonio feliz y saludable para siempre. Esto es posible si te enfocas en cómo llenar las necesidades de tu cónyuge de la manera que solo tú puedes hacerlo. Sin embargo, no esperes que tu cónyuge llene todas las expectativas que te has hecho y que tal vez solo Dios, que es perfecto, puede y quiere llenar.

Tu reflexión

_____
_____
_____
_____
_____
_____
_____
_____
_____
_____
_____
_____
_____
_____
_____
_____
_____
_____

Fecha: _____

Reflexión 40

Esposos, amen a sus esposas, así como Cristo amó a la iglesia y se entregó por ella [...] cada uno de ustedes ame también a su esposa como a sí mismo, y que la esposa respete a su esposo.

Efesios 5:25, 33, NVI

Amor es escoger dar entre todo lo bueno lo mejor para el otro. Jesús nos amó así. Él hubiera podido escoger enseñarnos desde el cielo, pero decidió venir a la tierra. Y hubiera podido venir a la tierra solo para enseñarnos, para decirnos cómo vivir, pero decidió morir también para darnos vida. El conjunto de dolores que sufrió Jesús en su camino al Calvario y en la cruz se le llama hoy la «Pasión de Cristo». El dolor muestra su pasión y su pasión muestra su amor. Ese amor es el que define la Biblia como amor *ágape*.

¿De qué manera entonces podemos nosotros, seres humanos egoístas, pretender o aspirar a sentir ese amor? La historia de la cruz no termina en la tumba... continúa con la resurrección. El Espíritu de Dios viene a morar en nosotros el día que nos llama a ser hijos de Dios, y es ese Espíritu el que puede resucitar cualquier relación por muy muerta que parezca.

El amor es escoger, entre todo lo bueno que tenemos, lo mejor para nuestro cónyuge. Lo mejor que tú y yo tenemos es el Espíritu de Dios y la fuerza de su amor.

Tu reflexión

_____

_____

_____

_____

_____

_____

_____

_____

_____

_____

_____

_____

_____

_____

_____

_____

_____

Fecha: _____

LA
Oración
· · · · · · · · · · · ·

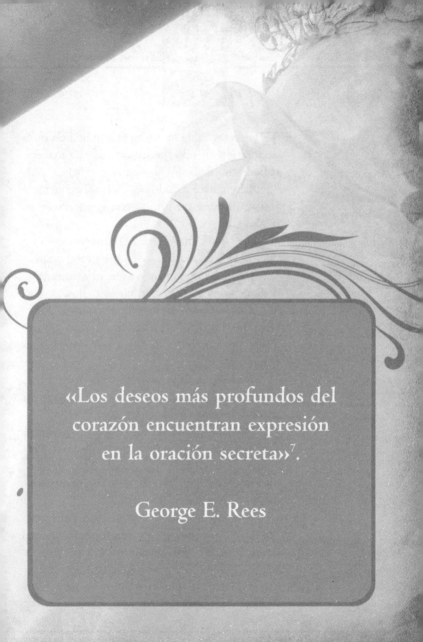

«Los deseos más profundos del corazón encuentran expresión en la oración secreta»[7].

George E. Rees

Reflexión 41

Dedíquense

a la oración:

perseveren

en ella con

agradecimiento.

Colosenses 4:2, NVI

El apóstol Pablo insiste en la importancia de la oración cuando nos exhorta de esta manera: «Oren sin cesar» (1 Tesalonicenses 5:17, NVI). También lo hace cuando nos dice: «Dedíquense a la oración: perseveren en ella con agradecimiento» (Colosenses 4:2, NVI).

Creo que la mayoría de nosotros entiende que nuestra vida de oración individual es importante, pero hoy te estoy animando a que tú y tu cónyuge dediquen tiempo para orar juntos a Dios.

¿Cómo el simple acto de orar juntos puede tener un impacto benéfico en tu matrimonio? Simple, pensemos en lo que ocurre cuando una pareja ora junta.

Por lo general, se tomarán de las manos o se arrodillarán el uno al lado del otro. Esto crea un sentido de cercanía física.

Mientras que un cónyuge ofrece la oración, el otro tiene la oportunidad de escuchar las peticiones que revelan las preocupaciones y los problemas personales. Además, sabe las cosas por las que su cónyuge le da gracias a Dios.

Este proceso crea una intimidad emocional donde se expresan los sentimientos y que, tal vez, de otra manera no se podrían escuchar. Este es solo un ejemplo de los beneficios de la oración en pareja. Las parejas que oran juntas, se mantienen juntas.

Tu reflexión

_____
_____
_____
_____
_____
_____
_____
_____
_____
_____
_____
_____
_____
_____
_____
_____
_____
_____
_____
_____

Fecha: _____

Reflexión 42

Se dice que las parejas que oran juntas, se mantienen juntas. El asunto es que el simple acto de orar en pareja trae muchos beneficios, incluyendo la cercanía física y la intimidad emocional.

Sin embargo, la verdadera fuerza de la oración en pareja viene del acto de abrir la puerta de tu relación matrimonial a la influencia de nuestro Dios todopoderoso. En realidad, nuestro Dios puede sanar las heridas de tu relación matrimonial, esas que tal vez hayas intentado resolver por muchos medios y que no se han podido curar solas.

Nuestro Dios todopoderoso puede inspirarte, animarte y guiarte con soluciones en los conflictos matrimoniales que estás atravesando. Es más, nuestro Dios todopoderoso es el que puede llevarnos a una unidad como pareja que trascienda cualquier esfuerzo humano.

Por lo tanto, solo Dios es el que puede darnos, a través de la oración y la comunión con Él, los tres valores esenciales para atravesar cualquier situación. Estos son: Fe, esperanza y su amor. Con todos estos beneficios de la oración, ¿por qué más parejas no oran juntas?

Te invito a que comiences hoy.

Donde dos o tres se reúnen en mi nombre, allí estoy yo en medio de ellos.

Mateo 18:20, NVI

Tu reflexión

_____
_____
_____
_____
_____
_____
_____
_____
_____
_____
_____
_____
_____
_____
_____
_____
_____
_____
_____
_____

Fecha: _____

Reflexión 43

Con todos los beneficios que nos trae la oración, todas las parejas deberían adquirir el buen hábito de orar juntas.

Sé que algunos de ustedes quisieran comenzar, pero le temen a que su cónyuge diga que no o que tal vez se burle. Muchas veces el miedo nos impide realizar una acción importante en nuestras vidas.

Oren sin cesar.

1 Tesalonicenses 5:17,

NVI

Si esto describe tu situación, te animo a que dejes el miedo a un lado y no permitas que el temor determine tus acciones. Explícale a tu cónyuge cuánto significaría para ti que se uniera a orar contigo.

He descubierto que se hace más fácil comenzar el hábito de orar juntos si tenemos una guía sencilla como modelo inicial. Así que tal vez esto también ayude a que tu cónyuge acepte tu invitación.

Algunas parejas no oran juntas solo porque no saben cómo hacerlo. Sin embargo, hacer una oración sincera es un proceso simple. Cuando ores, expresa con tus propias palabras tus esperanzas, deseos, temores y necesidades, junto con expresiones de gratitud hacia Dios.

Este es un buen modelo y un buen comienzo para la oración en pareja.

Tu reflexión

_____
_____
_____
_____
_____
_____
_____
_____
_____
_____
_____
_____
_____
_____
_____
_____
_____
_____
_____
_____
_____

Fecha: _____

Reflexión 44

Alégrense en la esperanza, muestren paciencia en el sufrimiento, perseveren en la oración.

Romanos 12:12, NVI

Establecer una hora regular para orar juntos como pareja es muy importante.

Por eso el impacto de la oración en nuestra vida se acrecienta cuando hacemos de la oración un hábito diario.

Otra cosa a tener en cuenta es que la hora más importante para orar juntos es cuando no tienes deseos de hacerlo. Cuando estamos enojados con nuestro cónyuge, la última cosa que queremos hacer es orar juntos. Sin embargo, es allí cuando más nos puede beneficiar la fuerza de la oración en fe.

Si no pueden sentarse juntos a orar cuando están enojados, les animo a que oren a solas. Mi invitación es a que levantes tu cónyuge en oración para bendición; que también les lleves al Señor tus preocupaciones, tus cargas, tu sufrimiento, y que le pidas a Dios que te revele cómo tú también aportas al problema. De ese modo, serás capaz de comenzar un cambio en tus actitudes. Al final, cambiarán tus acciones y estas serán de inspiración para tu cónyuge.

La próxima vez que te sientas enojado, decide orar y tu respuesta será más blanda. La oración es un conectador divino que crea lazos y derriba barreras.

Tu reflexión

_____

_____

_____

_____

_____

_____

_____

_____

_____

_____

_____

_____

_____

_____

_____

_____

Fecha: _____

Reflexión 45

Estén alerta y oren para que no caigan en tentación. El espíritu está dispuesto, pero el cuerpo es débil.

Mateo 26:41, NVI

Hoy es día de acción: La oración en pareja nos une en todas las esferas. Al sentarnos juntos a orar, estamos físicamente más cerca. Cuando expresamos nuestros sentimientos y pensamientos en nuestras oraciones al lado de nuestro cónyuge, estamos ayudando a desarrollar nuestra intimidad emocional. Además, como nuestra oración es hablar con nuestro Dios todopoderoso, Él nos da la fuerza de su poder transformador por medio de su Espíritu. La oración nos conecta a Dios y a nuestro cónyuge.

Ahora, te invito a que escribas los obstáculos que te impiden orar con tu cónyuge de una forma regular. Cuando tengas un momento libre, o tal vez en tu tiempo devocional, ora al Señor y pídele que te guíe para vencer estos obstáculos.

Recuerda: Siempre levanta a tu cónyuge en oración. Escribe dos cosas que tu cónyuge necesita y agrégalas a tus oraciones personales. Cuando oramos, entramos en una esfera de relación con la persona por la que oramos. Por eso, hace falta que nos elevemos a un nivel de casi preocupación o compasión por esa persona. Génesis 25:21 dice que Isaac oró al Señor en favor de su esposa, y el Señor oyó su oración.

Cuando oran juntos, tienen el poder de acercarse más como parejas que cualquier otra práctica. Si necesitas una guía de oración, llámanos y te la enviaremos.

Tu reflexión

_____

_____

_____

_____

_____

_____

_____

_____

_____

_____

_____

_____

_____

_____

_____

_____

_____

Fecha: _____

117

LA
Perseverancia
· · · · · · · · · · ·

«La perseverancia es la cuerda
que ata el alma al marco
de la puerta del cielo»[8].

Frances J. Roberts

Reflexión 46

Con sabiduría se construye la casa; con inteligencia se echan los cimientos. Con buen juicio se llenan sus cuartos de bellos y extraordinarios tesoros.

Proverbios 24:3-4, NVI

¿A quién de nosotros no le gustaría ver las habitaciones de nuestro hogar llenas de un ambiente agradable y precioso?

La Biblia nos dice que para edificar nuestro hogar necesitamos obtener tres cosas: Sabiduría, prudencia y ciencia, que es lo mismo que instrucción.

Si estás teniendo problemas en tu hogar, pídele a Dios sabiduría, maneja la situación con prudencia y busca instrucción en el campo en que tienes dificultades. Las habilidades para relacionarnos con nuestra pareja se pueden aprender.

Cuando Jesús terminó el Sermón del Monte, les dijo a sus discípulos: «Por tanto, todo el que me oye estas palabras y las pone en práctica es como un hombre prudente que construyó su casa sobre la roca. Cayeron las lluvias, crecieron los ríos, y soplaron los vientos y azotaron aquella casa; con todo, la casa no se derrumbó porque estaba cimentada sobre la roca» (Mateo 7:24-25, NVI).

Sin embargo, como es de esperar, ¿qué pasaría si compraras un paquete de semillas y nunca las plantaras? ¿Qué pasaría si plantas las semillas y luego las descuidas? Así como las semillas, las habilidades para relacionarnos y el conocimiento que adquieras no te ayudarán en

el crecimiento de tu matrimonio si no se aplican y persistes en esto.

La diferencia entre los que alcanzan sus metas y los que no las alcanzan es la perseverancia.

Tu reflexión

_____

_____

_____

_____

_____

_____

_____

_____

_____

_____

_____

_____

_____

_____

_____

Fecha: _____

Reflexión 47

Hermanos míos, considérense muy dichosos cuando tengan que enfrentarse con diversas pruebas, pues ya saben que la prueba de su fe produce constancia. Y la constancia debe llevar a feliz término la obra, para que sean perfectos e íntegros, sin que les falte nada.

Santiago 1:2-4, NVI

¿Qué tan a menudo has aprendido acerca de un cambio que podría mejorar tu vida pero nunca hiciste dicho cambio? Tal vez comenzaras a hacer el cambio, pero fallaste al permanecer en este nuevo hábito el tiempo suficiente para recibir todos los beneficios. Para la mayoría de las personas, esto sucede con más frecuencia de lo que se preocupan en admitirlo.

Nuestra tendencia natural es tomar el camino de la menor resistencia. Esto significa no perder el tiempo y esfuerzos haciendo cambios positivos que mejorarían nuestras vidas, sino más bien continuar con nuestros hábitos de siempre. ¿Por qué algunas personas son capaces de vencer esta tendencia y otras no?

La diferencia entre los que alcanzan sus metas y los que no las alcanzan es la persistencia. En este caso, la persistencia en lo que han aprendido es benéfica para sus matrimonios. Dicen que solo un loco sigue haciendo lo mismo y espera recibir resultados diferentes.

Así que te invito hoy a que aprendas una nueva habilidad en la forma de relacionarte con tu cónyuge. Luego, decide ponerla en práctica y persevera hasta alcanzar el cambio.

Tu reflexión

_____

_____

_____

_____

_____

_____

_____

_____

_____

_____

_____

_____

_____

_____

_____

_____

_____

_____

_____

_____

Fecha: _____

Reflexión 48

Pero la parte que cayó en buen terreno son los que oyen la palabra con corazón noble y bueno, y la retienen; y como perseveran, producen una buena cosecha.

Lucas 8:15, NVI

¿Por qué algunas parejas son capaces de formar matrimonios sanos mientras que muchas otras no lo consiguen? TODAS las parejas encuentran obstáculos en sus matrimonios. Sin embargo, las que persisten en hacer las cosas que refuerzan sus matrimonios son las que triunfan en mantener matrimonios sanos.

¿Cómo se desarrolla este tipo de persistencia? Para contestar esta pregunta, debemos primero entender lo que refuerza la persistencia en las personas. La persistencia es como un motor y la motivación es el combustible. Tú puedes encontrar la motivación que le dé fuerza a tu motor de dos maneras: Las influencias alrededor de ti o la fuerza del Espíritu Santo dentro de ti.

La Biblia dice que El fruto del Espíritu Santo es amor, pero también es dominio propio. Estos dos frutos del Espíritu son los que necesitas poner en acción dentro tu matrimonio cuando quieres ver cambios. El dominio propio es mucho más que lo que la gente llama fuerza de voluntad. El dominio propio requiere tener tu voluntad doblegada al control del Espíritu de Dios.

Si eres un hijo de Dios, la respuesta está dentro de ti, donde también habita el Espíritu de Dios. Así que tienes la fuerza para persistir en la instrucción que recibiste y que sabes que harán el cambio en ti y en tu matrimonio. ¡Comienza hoy!

Tu reflexión

_____

_____

_____

_____

_____

_____

_____

_____

_____

_____

_____

_____

_____

_____

_____

_____

_____

Fecha: _____

Reflexión 49

La perseverancia produce carácter probado, y el carácter probado produce esperanza.

Romanos 5:4, RVA-89

Cuando comenzamos un régimen de ejercicio, todo nos duele y, según nuestro estado físico, quizá nos resulte muy difícil hacer los nuevos movimientos a los que nos sometemos. Si perseveramos lo suficiente en esta actividad, pronto será un poco más fácil. El mismo ejercicio que antes nos causaba dolor, llega a ser posible. Aunque el ejercicio no cambió, nuestra fuerza para ejecutarlo creció y, al final, nuestro deseo de estar en buena forma encontró un músculo en la perseverancia.

Las personas que mantienen cambios positivos lo logran debido a que le ponen persistencia a sus motores con el combustible de la motivación que viene del amor y del dominio propio.

Si quieres un matrimonio sano, necesitas tener un plan también. Si vives en la ciudad de Miami y quieres visitar el Gran Cañón, puedes subirte a tu auto y conducir hasta que de pronto llegues a tu destino. Sin embargo, es probable que desperdicies mucho tiempo y dinero. ¿Por qué? Porque no hiciste un plan para el viaje antes de comenzar.

A pesar de lo simple que parece, muchas parejas hacen esto cuando se casan. Pagan muchos miles de dólares y gastan cientos de horas haciendo preparativos para la boda. Aun así, hacen muy poco para aprender la manera de

formar y sostener un matrimonio sano.

Tal vez tú no tengas problemas en ser persistente, sino que no sabes qué camino tomar para llegar a tu meta a fin de mantener un matrimonio sano. Mi consejo es que busques instrucción, ya sea en tu iglesia o en tu comunidad.

Tu reflexión

_____

_____

_____

_____

_____

_____

_____

_____

_____

_____

_____

Fecha: _____

127

Reflexión 50

La gente recta

se aferra a su

camino y los de

manos limpias

aumentan

su fuerza.

Job 17:9, NVI

No importa dónde estés en tu viaje matrimonial, tomar el tiempo para aprender las habilidades y el conocimiento básico de cómo relacionarnos aumentará de manera significativa tus oportunidades para un viaje más feliz.

Ningún matrimonio es sano todo el tiempo. Sin embargo, hay matrimonios que son sanos la mayor parte del tiempo.

Cuando notes que tu matrimonio no está sano, pregúntate: *¿Qué puedo hacer que sirva de ayuda para que mi matrimonio vuelva a ser sano otra vez?* Luego, comprométete a persistir y a no rendirte cuando la situación se ponga difícil.

Nunca esperes que tu cónyuge dé el primer paso para sanar tu matrimonio. Haz lo que debas hacer y... ¡HAZLO AHORA MISMO!

Mientras más rápido te pongas en acción y apliques lo aprendido, mucho antes sanará tu matrimonio. En esencia, el amor y la fuerza de voluntad llegan a ser fuentes perpetuas de combustible.

Aun así, hay algunas cosas que nunca debes tolerar en tu matrimonio. La violencia doméstica es una de ellas. Si eres víctima de violencia doméstica, por favor, comunícate con un profesional de inmediato.

Tu reflexión

_____

_____

_____

_____

_____

_____

_____

_____

_____

_____

_____

_____

_____

_____

_____

Fecha: _____

Epílogo

El secreto de la felicidad personal

En el conocido «Sermón del Monte», Jesús nos mostró el secreto de la felicidad al darnos lo que hoy llamamos las bienaventuranzas. Allí nos enseña que lo primero que necesitamos para ser felices es el reconocimiento de nuestra pobreza espiritual. Una vez que lo reconocemos, debemos asegurarnos de haber recibido a Cristo. Por eso, he querido finalizar este pequeño libro dándote la oportunidad de hacerte un examen en la quietud y privacidad de tu casa, a fin de que te asegures que has confiado en Cristo para la eternidad.

Sin duda alguna, no es la religión, ni nuestra buena manera de vivir, ni nuestros muchos conocimientos lo que nos llevan a ser hijos de Dios. La Biblia dice:

> *Mas a cuantos lo recibieron, a los que creen en su*
> *nombre, les dio el derecho de ser hijos de Dios.*
> Juan 1:12, NVI

De acuerdo con este versículo, un Hijo de Dios es aquel que tomó la decisión de recibir a Cristo en su corazón. No basta con saber quién fue Jesús en la historia, ni saber siquiera en tu mente que Él vino como el Salvador para el mundo entero. La Biblia es clara al decirnos que debemos hacer un reconocimiento de que lo recibimos como Salvador, no solo de la humanidad, sino de nuestras propias almas, llegando a ser nuestro Salvador personal.

Dios quiere que le confiemos nuestras vidas al recibir a Jesús de manera incondicional como nuestro Salvador. Te invito a que confíes hoy en Cristo. Por lo tanto, qué mejor que dejar que las palabras de Billy Graham hagan el trabajo aquí. Veamos...

Para recibir a Cristo tiene que hacer cuatro cosas:
1. ADMITIR su necesidad espiritual.
   «Soy pecador».
2. ARREPENTIRSE y tener el propósito de abandonar su pecado.
3. CREER que Jesucristo murió en la cruz *por usted*.
4. RECIBIR a Jesucristo en su corazón y su vida, por medio de la oración [...]

> **MODELO DE ORACIÓN:**
> **Amado Señor Jesucristo:**
> **Sé que soy pecador y creo que moriste en la cruz por mis pecados. Ahora mismo abandono mis pecados y te abro las puertas de mi corazón y mi vida. Te acepto como mi Señor y Salvador personal. Gracias por haberme salvado.**
> **Amén[9].**

Si hiciste esta oración, escríbenos y cuéntanos de tu decisión por Cristo.

Notas

1. Dr. Dick Tibbits con Steve Halliday, *Perdona para vivir*, Editorial Unilit, Miami, FL, 2009, p. 136.

2. Herbert Hoover, citado en *Momentos de quietud con Dios para mujeres*, Editorial Unilit, Miami, FL, 2005, p. 57.

3. Dr. James Dobson, *El corazón del hogar*, Editorial Unilit, Miami, FL, 1997, p. 149.

4. Henry Van Dyke, citado en *Momentos de quietud con Dios para mujeres*, Editorial Unilit, Miami, FL, 2005, p. 111.

5. Robert Browning, citado en *Momentos de quietud con Dios para mujeres*, Editorial Unilit, Miami, FL, 2005, p. 137.

6. Víctor Hugo, citado en *Momentos de quietud con Dios para mujeres*, Editorial Unilit, Miami, FL, 2005, p. 117.

7. George E. Rees, citado en *Momentos de quietud con Dios para mujeres*, Editorial Unilit, Miami, FL, 2005, p. 263.

8. Frances J. Roberts, citado en *Momentos de quietud con Dios para mujeres*, Editorial Unilit, Miami, FL, 2005, p. 15.

9. Billy Graham, *Manual de Billy Graham para obreros cristianos*, Editorial Unilit, Miami, FL, 1995, p. 12.

Un minuto con Dios

Un minuto con Dios es un proyecto de radio y televisión del Ministerio Misionero a la familia *Reaching Out Network, Inc,* o más conocido en América Latina como Ministerio RONI. Este programa desarrolla temas de familia desde perspectivas bíblicas, como la crianza de los hijos, la relación con el cónyuge, cualidades importantes del carácter para la vida en familia, etc.

Escríbenos a info@reachingoutnet.org para obtener el programa de radio o televisión a fin de que puedas usarlo en beneficio de tu comunidad.

Elogios sobre *Un minuto con Dios*
Acerca del programa, nuestros radioyentes opinan:

«Yo estaba pasando por una etapa donde ya estaba empezando a considerar el divorcio. Al escuchar «Un minuto con Dios» en la radio, Dios me alentó y decidí leer su Palabra todos los días para empezar a buscar los cambios en mí».

«Cada vez que escucho el programa «Un minuto con Dios», creo que Dios toma un pensamiento que está mal en mi mente y lo sustituye por algo nuevo y bueno. Quiero darle las gracias, porque tal vez no esté en su "lista de mejores amigas", pero usted es una de mis mejores amigas».

«Yo soy uno de sus oyentes masculinos. Soy un pastor felizmente casado con mi esposa desde hace bastante tiempo. Sin embargo, su programa diario de minutos siempre proporciona un llamamiento a la acción que me desafía para aplicar cambios a mi relación matrimonial».

«Gloria a Dios por su ministerio. Ustedes son de gran bendición no solo en mi matrimonio, sino que también seré portadora de esta bendición para los matrimonios de mi congregación. Vivo en México, pero sé que para Dios nada es imposible. Así que los espero».

Si quieres más «minutos» para continuar tu viaje a un matrimonio más fuerte y saludable, visita nuestro sitio Web:

www.UnMinutoConDios

Aquí puedes registrarte para recibir completamente gratis Un Minuto Con Dios Audio en tu correo electrónico. Hay muchos otros beneficios al ir a nuestra página Web, donde puedes encontrar consejos, artículos con consejos prácticos, fechas de los seminarios, información de nuevos libros, programas de radio y televisión, etc.

REACHING OUT NETWORK, INC. (RONI)

Rebeca y Brian Knowles son los directores y fundadores del ministerio RONI. El objetivo principal del ministerio RONI es llegar al corazón de las familias con la esperanza y el amor de Dios. Brian y Rebeca ofrecen conferencias y escriben artículos de inspiración para diferentes publicaciones que alientan los matrimonios de hoy.

RONI provee los siguientes servicios a las iglesias, organizaciones y corporaciones:

- Seminarios «Matrimonios Saludables»
- Programas de radio y televisión
- Literatura dedicada a la familia
- Centro de recursos para la familia

Llámanos en Estados Unidos al (305) 425-1452 o escríbenos a info@reachingoutnet.org para pedir información de los próximos seminarios, actividades y disponibilidad de los programas radiales y televisión para tu ciudad o comunidad.

Si deseas comunicarte con la autora de este libro, escríbele a:
Rebeca Knowles
2132 SW 118 Ave
Miramar, FL 33025
Correo electrónico:
Rebeca@reachingoutnet.org

Espera también los siguientes títulos de Rebeca Knowles: *Confesiones de una esposa desesperada* y *El milagro de la adopción*, ambos con Editorial Unilit.